HENRI-LE-MAGNANIME

PAR

CHARLES BUET

Un vrai roi sur sa tête unit toutes les gloires :
Et si, dans ses justes victoires,
Par la mort il est arrêté,
Il voit, comme Bayard, une croix dans son glaive,
Et ne fait, quand le ciel à la terre l'enlève,
Que changer d'immortalité !

VICTOR HUGO : *Ode au duc de Bordeaux.*

PARIS

E. DE SOYE ET FILS, IMPRIMEURS

18, RUE DES FOSSÉS-SAINT-JACQUES, 18

1883

LE ROI FRANÇAIS

HENRI-LE-MAGNANIME

PAR

CHARLES BUET

PARIS

E. DE SOYE ET FILS, IMPRIMEURS

18, RUE DES FOSSÉS-SAINT-JACQUES, 18

1883

AU COMTE SOSTHÈNES DE LA ROCHEFOUCAULD,

DUC DE BISACCA

HOMMAGE RESPECTUEUX.

CH. B.

PARIS, AOUT 1883.

HENRI-LE-MAGNANIME

Un vrai roi sur sa tête unit toutes les gloires :
　Et si, dans ses justes victoires,
　　Par la mort il est arrêté,
Il voit, comme Bayard, une croix dans son glaive,
Et ne fait, quand le ciel à la terre l'enlève,
　Que changer d'immortalité !

　　　　VICTOR HUGO : *Ode au duc de Bordeaux.*

Au lendemain de nos désastres, tandis que la France, envahie par l'étranger, attendait en frémissant que le vainqueur dictât ses lois, tandis qu'une faction d'ambitieux et d'incapables, jaillie des bas-fonds d'une société délabrée par vingt années d'insolentes jouissances, gouvernait les débris de ce qui avait été la plus grande nation du monde, une voix s'élevait pour protester contre la mutilation de la patrie, comme elle s'était élevée naguère pour protester contre le bombardement de la cité de Geneviève. Cette voix ne fut point écoutée, mais elle fut entendue. Il sembla, un moment, que les soixante rois issus d'Hugues Capet se levaient pour proclamer la brutalité des armées victorieuses, la trahison des révolutionnaires qui fomentaient la guerre civile en présence de l'ennemi, la faiblesse des majorités qui permettait à l'audace du petit nombre de faire les révolutions. Cette voix était celle d'un roi, — d'un roi qui n'a pas régné, — mais auquel personne, dans l'histoire, ne déniera ce titre royal qu'il a porté jusqu'au dernier soupir avec l'implacable et majestueuse dignité des Rois de l'Ancienne Loi qui, — s'ils n'étaient pas des dieux, — paraissaient être plus que des hommes.

C'est à Genève, la Rome protestante, la ville de Calvin, la capitale d'une république démocratique et rurale, c'est à Genève qu'avait trouvé un asile celui qu'on se reprenait à nommer Henri V, maintenant que la chute du malheureux César pris à Sedan laissait vacant ce palais où il naissait, un demi-siècle plus tôt, aux acclamations d'une foule en délire.

A peu de distance de la ville dont saint François de Sales, après tant de saints, fut l'évêque *in partibus*, — au Grand-Saconnex, non loin du château de Ferney que Voltaire habita, presqu'à l'extrême bord de la frontière française, on voit une petite villa blanche, perdue dans les arbres d'un beau parc, et qui appartenait alors à Mme de Budé. C'est de là que le Comte de Chambord suivait les événements, prêt à rentrer sur la terre natale si on l'appelait, mais décidé à n'y rentrer qu'en roi de *fait*, puisqu'il se considérait comme le roi de *droit*.

Les princes de sa maison, qui n'avaient qu'à prétendre à son héritage, et dont la vie ou la mort pouvaient se jouer sans compromettre les intérêts supérieurs de la monarchie, accomplissaient, au même instant, leur devoir, et servaient la France en soldats, sans se préoccuper des gouvernements d'aventure que la Providence laissait agir.

J'eus la douleur de venir à Genève, en ce temps-là, pour y secourir quelques camarades, repoussés au delà de notre frontière avec cette armée de l'Est que Jules Favre *oublia* dans les neiges du Jura, et je n'oublierai, moi, ni le spectacle de la ville emplie de nos pauvres soldats désarmés, harassés, les uns blessés, les autres exténués de faim, de froid et de fatigue, — ni l'accueil hospitalier que la cité fédérale accordait à ces prisonniers, — ni les prodiges de charité accomplis par le plus illustre des citoyens genevois, Mgr Gaspard Mermillod, que l'injustice révolutionnaire devait, peu d'années plus tard, bannir de cette même cité toute retentissante encore de son courage, de son dévouement, de son infatigable ardeur au bien.

Je sollicitai l'honneur de saluer le chef de cette illustre maison de France, si souvent alliée à la maison de Savoie, que mes aïeux, paysans ou soldats, avaient servie durant huit siècles, et ce fut précisément parce que j'étais Savoyard que le Comte de Chambord daigna me recevoir, si obscur, inconnu et pauvre que je fusse. Il m'interrogea pendant plus d'une heure, et je ne veux pas redire ici quelle émotion m'imposa sa présence. Je vis son œil bleu, calme, limpide, profond, s'arrêter sur mes yeux et ne s'en point détourner. Je sentis, une heure durant, la pression de sa main qui ne cessa pas de serrer la mienne. J'entendis sa voix puissante, sonore, mâle, la voix dont Henri IV appelait ses routiers à suivre son panache blanc. Et je fus subjugué, dominé absolument par les allures superbes de ce prince qui était bien celui qu'on rêvait dans nos montagnes : un homme sincère, franc, joyeux, de bonne humeur, fastueux et brave, portant haut le nom le plus difficile à porter qui soit au monde, véritablement citoyen, chrétien et roi, ignorant des faiblesses humaines, et néanmoins compatissant aux misères du cœur, de l'esprit et du corps.

En vérité, il était bien inutile que M. de Monti, — le vieux comte Edouard, ce Caleb de la royauté en exil ! — m'eût dit que j'allais paraître devant l'héritier de cent rois... Le reflet de l'âme des cent rois s'épanouissait sur la figure de celui-là !

Lorsque j'eus le regret de le quitter, le 5 mars 1871, le Comte de Chambord me dit :

— Au revoir ! aux Tuileries !...

Ah ! trois mois s'étaient à peine écoulés que les Tuileries flambaient, et jamais plus je n'ai revu, — ni dans la vie, ni dans la mort, — le roi que mon cœur avait choisi, bien avant que le drapeau de la France eût remplacé à la cime de mon clocher l'étendard écarlate, coupé d'une croix blanche, de ma vieille Savoie !

I

Henri de France ne vécut dans la patrie française que les dix premières années de sa vie. Mais ce fut assez pour lui donner cet amour du pays, qu'il porta jusqu'aux plus extrêmes limites, et qui lui inspirait, à peine au sortir de l'enfance, la pensée de prendre pour devise le refrain de l'admirable complainte de Chateaubriand :

Mon pays sera mes amours,
Toujours !

Durant ces premières années de son enfance, furent posées les bases de cette éducation supérieure que le roi Charles X, ce vieillard expérimenté, habile, profond explorateur de l'âme humaine, voulut diriger lui-même, et qu'il dirigea, en effet, dans les plus petits détails, jusqu'à la majorité du dernier rejeton de sa race. Élevé à la cour de Louis XV, réduit pendant le règne de Louis XVI au rôle très effacé de cadet, sans espérance d'héritage, émigré, exilé, errant à travers les camps, éclairé par de cruelles leçons, de lamentables souvenirs, le vieux roi de France voulut préparer son petit-fils au métier de roi.

Les maîtres qu'il lui donna reçurent l'ordre de ne le point ménager, de ne céder à aucun de ses caprices, de former avant tout sa volonté et son jugement, et de discipliner son caractère. Il fallut faire violence aux rébellions puériles, et, pour ainsi dire, labourer à longs et larges sillons cette intelligence qu'on ne devait pas, un seul instant, laisser en friche.

Le système d'éducation pratiqué sur le jeune duc de Bordeaux,

à Paris, fut continué à Holy-Rood, et plus tard à Prague. On s'ap-
pliqua surtout à lui faire connaître ses devoirs, mieux encore que
ses droits, à mépriser les vaines grandeurs et les plaisirs passagers,
à subordonner tout aux choses éternelles. Sans doute, on le traitait
avec le respect dû à son rang, mais on ne se départait jamais de la
juste sévérité qui convient à l'enfant.

Appelé à vivre à la tête d'une nation militaire, on l'accoutuma à
se complaire aux jeux militaires, aux exercices du corps, dans les-
quels il excella. Tout enfant, il aimait les soldats, admirait leurs
glorieuses balafres, s'inquiétait de leur sort, étudiait l'organisation
des armées.

On n'avait nullement besoin de lui enseigner à être généreux. Il
disait volontiers qu'il lui plaisait de jeter l'argent par les fenêtres,
pourvu qu'il se trouvât des pauvres au-dessous pour le ramasser.
Madame, sa mère, donnait beaucoup plus que sa situation ne le lui
permettait, et ses enfants imitaient sa prodigalité, bien qu'on ait
souvent accusé les Bourbons d'être avares.

Le programme des études d'Henri comportait une variété de
connaissances qui étonnerait nos idées modernes : les langues
vivantes y tenaient une large place, et l'élève royal se jouait de la
difficulté d'apprendre en même temps l'allemand et l'italien, l'espa-
gnol et l'anglais. Il avait une prédilection particulière pour l'histoire,
cette science qui résume toutes les philosophies, et qui met à nu les
secrets des peuples et des rois.

Il faut dire aussi que Charles X savait choisir les hommes aux-
quels il confiait l'âme et le cœur de son petit-fils, hommes d'élite,
supérieurs par l'intelligence plus encore que par le rang social.
C'étaient tour à tour, ou en même temps, le duc de Montmorency
ce Mathieu de Montmorency, qui mourut à l'église en priant Dieu, —
le duc de Rivière, le baron de Damas, l'abbé de Moligny, le savant
Cauchy, le colonel Mounier, Mgr Tharin, évêque de Strasbourg,
Mgr Frayssinous, évêque d'Hermopolis, MM. Meindre et Barrande,
les comtes O'Hegerthy, d'Hardivilliers, de Montbel, les pères
Jésuites Deplace et Druilhet, le brave Lavillatte, — presque le

Crillon du second Henri IV, — enfin cet admirable abbé Trébuquet, si doux, si pieux et si bon, qu'on a appelé l'*Ange de Frohsdorf*. Entre Henri de France et le modeste prêtre, « il s'était établi de concert ce rapport intime et délicieux qui enchaîne pour jamais deux cœurs l'un à l'autre, et qui s'appelle, d'un côté, tendresse filiale et, de l'autre, affection paternelle ».

Avec de pareils hommes pour guides à ses jeunes années, on conçoit que le duc de Bordeaux ait déclaré un jour qu'il préférerait ressembler à Louis IX plus qu'à Louis XIV, parce que Louis IX était Saint, et que la sainteté prime toutes les grandeurs. Il semble qu'on le voie, heureux, innocent, beau de cette beauté des enfants Bourbons, en qui la race domine toujours le sang étranger, devenir peu à peu l'idole de ces Parisiens qui le chasseront un jour. Il est populaire avant d'avoir grandi.

On le salue, dès son berceau, du nom d'Enfant du miracle et d'Enfant de l'Europe : il est baptisé, dans la cuve de son ancêtre saint Louis, avec de l'eau du Jourdain, rapporté par Chateaubriand. Il vit tout auprès de la mélancolique princesse, fille des augustes martyrs de 1793, qui, le jour de sa première communion, lui demande de prier pour la France. Il est entouré des souvenirs les plus étonnants qui se puissent empreindre sur une âme enfantine : les terribles péripéties de la Révolution, les splendeurs de l'épopée impériale, dont sa mignonne main caresse les héros, l'invraisemblable roman de la Restauration et des Cent-Jours, le retour de Gand, la mort du duc de Berry...

C'est dans cette atmosphère d'événements étranges qu'il grandit jusqu'au jour où l'abdication de son aïeul et de son oncle le fait roi, roi d'une heure, d'un instant, monarque éphémère, acclamé par une multitude, outragé par quelques bandes insurgées, — et c'est dans l'éclat et le tumulte d'une révolution dont il comprend déjà les effets, — s'il n'en pénètre pas les causes, — que sombre la première enfance du dernier Bourbon !

II

La majorité d'Henri de France, lorsqu'il atteignit sa quatorzième année, fut l'objet de la première démonstration politique en faveur de la branche aînée, depuis les Journées de Juillet. Il voulut prendre dès lors le nom de Comte de Chambord, en souvenir du don national qu'on lui avait fait à sa naissance du merveilleux château bâti par François Ier. Un grand nombre de royalistes vinrent à Prague, mais ils n'y arrivèrent point sans peine, le gouvernement leur ayant suscité maints obstacles, et ils y furent accueillis avec une réserve qui aurait pu avoir de fâcheuses conséquences. La prudence excessive de Charles X fut du moins tempérée par la cordialité de son petit-fils et la bonne grâce de Mademoiselle.

Un des maîtres d'Henri traçait de lui, à cette époque, ce portrait :

« D'un esprit bouillant, vif, sagace, il juge avec une finesse bien au-dessus de son âge, des hommes, des temps, des choses. Souvent ne supportant plus l'étude et le travail, il se montre alors fier, difficile, entêté, mais toujours d'un esprit élevé et poli. Il est aussi reconnaissant pour ceux qui le reprennent à propos, que froid et emporté avec les flatteurs. Il est enfin aussi prompt à réparer une faute qu'à la commettre. »

On ne saurait donner une idée plus juste d'un caractère qui est précisément le caractère français avec toutes ses qualités et tous ses défauts. Mais le correctif de ce jugement ne se trouve-t-il pas dans ces paroles que l'archiduc Maximilien adressait à ses officiers, après avoir vu, à Lintz, le jeune comte de Chambord :

« N'avez-vous pas ressenti ce que j'ai moi-même éprouvé auprès de lui? N'avez-vous pas été frappé de ce qu'il y a d'extraordinaire dans ce prince pourtant si simple? N'avez-vous pas reconnu sur son front comme la marque du doigt de Dieu? »

Déjà cruellement éprouvée par tant de revers, cette famille royale qui vivait tristement en exil, allait être frappée encore des douleurs qui sont imposées à toute créature. Le vieux roi Charles X arrivait au terme de son existence, et bientôt, chargé d'années, et pardonnant à tous ceux qui l'avaient tant fait souffrir, depuis un demi-siècle, il s'éteignit dans cette même ville de Goritz, où son petit-fils vient de le rejoindre pour dormir auprès de lui, sous la même pierre, le paisible sommeil de l'éternité...

Il ne restait plus en réalité à Henri de France d'autre famille que son oncle et sa tante : le duc d'Angoulème, prince d'un esprit réfléchi, un peu taciturne, assombri par les souffrances de son enfance et de sa jeunesse, réduit toute sa vie au rôle effacé d'un Dauphin sans postérité, malheureux de l'exil et de l'inaction; la duchesse d'Angoulème, en qui ni les années, ni les pompes passagères de la Restauration, ni l'amour des Français, n'avaient pu effacer les terribles souvenirs de-la Tour du Temple : princesse pieuse, charitable, austère, que l'on vit bien rarement sourire, et qui semblait marcher dans la vie escortée des ombres sanglantes de Louis XVI, de Marie-Antoinette et de l'angélique Elisabeth.

Cependant le Comte de Chambord avait encore sa mère, mais après l'aventureuse campagne de 1832, Madame la duchesse de Berry, ayant cherché dans les joies d'une nouvelle famille une compensation aux amertumes de l'exil, vivait séparée de son fils et faisait volontiers le sacrifice de l'abandonner aux soins de sa belle-sœur.

Au surplus, les études classiques du prince touchaient à leur fin, et bientôt il allait se séparer de l'évêque d'Hermopolis, pour commencer la série de voyages qui devaient achever et compléter une éducation telle que peu de princes en ont reçue, car l'illustre Frayssinous pouvait sans se vanter, dire de son royal élève :

« Il a une intelligence à la hauteur de toutes les prospérités, et une âme au niveau de toutes les épreuves. »

Pendant le préceptorat de l'évêque d'Hermopolis, Henri de France avait eu pour gouverneurs les généraux de Latour-Maubourg, de Brissac, d'Hautpoul, de Saint-Chamans et de Bouillé. Ce fut accompagné du duc de Lévis, des comtes de Montbel et de Locmaria, qu'après avoir visité Aquilée, Gratz, Venise, le Comte de Chambord fit un premier voyage dans la Hongrie, la Serbie et la Transylvanie. Puis il se rendit à Rome, bien que le gouvernement de Louis-Philippe eût tout fait pour l'en éloigner ; il s'y établit au palais Conti, eut plusieurs entrevues avec le pape Grégoire XVI, visita en détail les monuments de la Ville Éternelle, et se rendit ensuite à Naples et à Florence.

L'année suivante, il séjourna quelque temps à Venise, puis à Vienne, en Allemagne, et voulut ensuite revoir l'Angleterre, l'Ecosse, le manoir de Lullworth et le sombre château d'Holy-Rood.

Au cours de ces voyages, qui occupaient sa jeunesse calme, studieuse, et la mettaient à l'abri des orages des passions, le Comte de Chambord s'initiait peu à peu aux grandes questions sociales qu'il posséda plus tard, si parfaitement. Il aimait les ouvriers ; il les interrogeait, il s'intéressait à leur métier, il les faisait parler ; il explorait les établissements industriels ou agricoles, comme un artiste explore les grands musées ; il visitait partout les arsenaux, les ateliers, les manufactures, tenant à se rendre compte par lui-même des plus menus détails. Il ne se mêlait nullement aux choses de la politique. Il gardait en présence du gouvernement de Juillet l'attitude la plus correcte, mais sa légitime réserve ne l'empêchait point de faire célébrer une messe pour le repos de l'âme de l'infortuné duc d'Orléans, mort si misérablement sur le chemin de la Révolte.

Il recevait tous les Français qui se présentaient à lui, sans distinction de rang ou d'opinions, et les pèlerinages de Belgrave-Square préludaient aux pèlerinages — le terme est exact — que durant tout le reste de sa vie les Français accomplissaient avec tant de bonheur auprès de l'héritier de saint Louis.

Il faut néanmoins le dire, le gouvernement de Louis-Philippe ne sut pas respecter la haute dignité du prince exilé, non plus que la fidélité de ses partisans, qui ne conspiraient pas. Plusieurs magistrats municipaux furent destitués, la Chambre des Pairs, dans une adressè restée fameuse, blâma les pairs qui s'étaient rendus à Londres, et la Chambre des Députés infligea la flétrissure à cinq députés, qui n'en furent pas moins réélus.

Ces mesquines taquineries furent le point de départ des premiers actes politiques du comte de Chambord. La mort de son oncle Louis-Antoine, qui le fit chef de la maison de France, étant survenue, notifia aux puissances de l'Europe qu'il protestait « contre le changement introduit en France dans l'ordre de succession à la couronne », et qu'il ne renonçait pas aux droits que, d'après les anciennes lois françaises, il tenait de sa naissance. Il entrait ainsi dans la vie publique.

Son mariage avec la princesse Marie-Thérèse d'Autriche d'Este, le mariage de sa sœur avec le duc de Parme, établirent définitivement sa situation vis-à-vis des cours, et le Comte de Chambord était incontestablement reconnu comme l'héritier de la couronne de Louis XIV, — le roi de droit, sinon de fait, — lorsque les émeutes de Février éclatèrent, engloutissant le présent et l'avenir d'une usurpation qui n'était qu'un fâcheux compromis entre le principe monarchique et l'idée révolutionnaire.

III

Le rôle du Comte de Chambord pendant la durée de la monarchie de Juillet avait été volontairement restreint. Le jeune prince
avait, en effet, durant cet espace de dix-huit ans, achevé ses études,
puis constitué sa propre famille, — et ce n'avait été qu'à la veille
même du mouvement insurrectionnel, que Louis-Antoine de France
rendait sa belle âme à Dieu, laissant à son neveu bien-aimé le très
lourd fardeau du plus grand nom royal de l'Europe et du seul principe qui ne puisse admettre aucune transaction.

Mais peut-être l'heure était-elle venue où la politique expectante
ne serait plus de mise. Peut-être fallait-il maintenant céder aux
impatiences de ceux qui voyaient la France menacée pour la seconde
fois d'une révolution ; et le roi exilé n'avait plus à craindre d'apporter
le trouble dans sa patrie livrée au désordre, à l'anarchie, aux pires
conséquences d'une victoire de la populace.

On s'est bien souvent demandé pourquoi, à ce moment favorable
où toutes les espérances se tournaient vers lui, Henri V ne reven-
diqua pas hautement, sinon ses droits sur la France, du moins le
droit qu'il avait de se dévouer à la France. Il est évident que dès
lors on lui persuada qu'il était nécessaire de laisser s'accomplir
l'essai loyal d'une république, — utopie ridicule qui devait, après
les catastrophes de 1870, achever la ruine du pays. De plus, on
obtint aisément de ce cœur généreux qu'il ne vînt pas ajouter, par
sa présence, par des compétitions qu'on lui représenta comme inop-
portunes, aux embarras d'une situation déjà pleine de difficultés et

de périls. Enfin, l'influence parlementaire, cet esprit particulier qui a survécu aux anciens Parlements, qui a hérité de l'ancienne magistrature le goût des remontrances, le goût des conseils d'opportunisme, entrava des projets qui eussent peut-être abouti au succès.

Quoi qu'il en soit, le Comte de Chambord se retira à Frohsdorf, d'où il suivit avec anxiété la marche des événements. Aussitôt des calomniateurs salariés l'accusèrent de déserter son poste, de se confiner dans une solitude, de renoncer à sa mission providentielle, et il dut protester avec indignation contre ces manœuvres déloyales qui travestissaient d'une si odieuse façon et son caractère et ses sentiments.

Les seuls actes qu'il fit pour montrer la part qu'il prenait aux affaires publiques furent sa lettre au général Oudinot sur les événements de Rome, et les réceptions d'ouvriers français, venus en foule à Ems et à Wiesbaden pour le voir.

C'est aussi à cette époque que remontent les premiers essais de fusion, — ou pour mieux parler, de réconciliation, — entre la branche aînée et la branche cadette de la maison de Bourbon. A la mort de Louis-Philippe, Henri V prit le deuil, le fit prendre à toute sa maison, et ordonna qu'un service solennel fut célébré pour le repos de l'âme du prince : il voulait oublier tous les torts de son parent envers lui, et ne se rappeler que les liens qui unissaient les rameaux d'un même tronc, jadis si vigoureux et si vivace.

La pensée de la fusion était née au lendemain du 24 février, mais elle prit une forme précise après le coup d'État du 2 décembre. Le général de Saint-Priest, M. Berryer, M. Benoîst d'Azy, s'employèrent auprès de la reine Marie-Amélie; et Monsieur le duc de Nemours, pendant l'automne de 1853, se rendit à Frohsdorf et déclara, en son nom et au nom de ses frères, qu'il ne reconnaissait d'autre royauté en France que celle d'Henri V. Quelque temps après, le Comte de Chambord eut avec Marie-Amélie, à Claremont, une entrevue qui fut très affectueuse de part et d'autre, et certainement les rapports nouveaux auraient depuis ce temps subsisté entre les deux branches de la famille, si la maladresse, — peut-être calculée, — de deux personnes de l'entourage des princes, n'eut amené tout à coup, et comme on s'y attendait le moins, une rupture d'autant plus sérieuse qu'elle était motivée, en apparence, par des futilités d'étiquette.

Mais la vérité est qu'un groupe de parlementaires libéraux intriguait depuis longtemps pour atténuer la portée d'un événement dont la première conséquence était de fermer toute issue aux ambitions révolutionnaires. Ces prétendus libéraux, qui soulevaient perfidement dès lors la question du drapeau, ne pardonnaient pas au Comte de Chambord d'avoir agi envers ses cousins avec la plus loyale franchise, et d'avoir accepté sans arrière-pensée d'aucune sorte l'acte spontané de soumission des fils de Louis-Philippe, auquel, du reste, le comte de Paris, encore mineur et sous la tutelle de sa mère, n'avait pu s'associer. Ils redoutaient les conséquences de la fusion, qui pouvait écarter du trône les princes d'Orléans, et rendre à jamais impossible le retour d'un ordre de choses regretté par tous les habiles partisans du « juste milieu ».

Le beau rôle demeura au roi exilé, dont l'attitude chevaleresque n'eut pas une défaillance, et qui, après avoir sacrifié, sinon des ressentiments, du moins le pénible souvenir de persécutions injustes, ne crut pas devoir aller au delà des concessions suffisantes, et prétendit garder intacte la prérogative royale dont il restait, quand même, le dépositaire.

Henri de France perdit, en 1851, la meilleure de ses amies, celle qui lui avait servi de mère depuis son départ du sol natal, Madame Royale, duchesse d'Angoulême.

Ainsi sa vie s'écoulait, marquée d'étape en étape par des tombes! Il voyait mourir autour de lui tous ceux qu'il aimait, et bientôt la solitude allait se faire, plus cruelle encore, loin de la France qu'il ne désespérait pas de revoir, mais qui semblait l'oublier.

IV

Le rétablissement de l'empire provoqua le manifeste du 25 octobre 1852, mais le Comte de Chambord ne put rien, — que cette stérile protestation, — contre le nouvel attentat révolutionnaire. Il ne pouvait conserver aucune illusion et ne montra aucune faiblesse.

Cependant il eut à souffrir de plus d'une trahison ; quelques-uns de ses amis se rallièrent au nouvel empereur, et le jeu des ambitions suscita de bien étranges palinodies. Mais Henri de France méditait ces paroles de Shakespeare :

« Un sceptre saisi d'une main déréglée ne peut être gardé que dans les mêmes orages où il a été acquis. Celui qui se soutient sur une place glissante n'a pas scrupule de s'accrocher au plus infâme appui. »

L'empire fut contraint, par la fatalité de ses origines, à déchaîner, selon l'expression de M. de Saint-Albin, le double fléau de la guerre sociale et de la guerre antireligieuse. La fausse prospérité, la politique conservatrice de l'empire aboutirent à la campagne d'Italie, et si Victor-Emmanuel disait avec l'âpre mélancolie d'un roi désabusé : « *Andremmo al fondo !* » Napoléon III avait dit : « *Fate, ma fate presto !* »

La mort de Madame la duchesse de Parme fut un nouveau deuil pour l'âme d'Henri de France, qui voyait sa sœur dépouillée de sa souveraineté et contrainte à prendre, avec ses enfants orphelins, le chemin de l'exil. Les Bourbons de Naples, après l'héroïque résistance de Gaëte, quittaient aussi leur royaume; le duc de Modène, le grand-duc de Toscane, se voyaient chassés par la Révolution. Suivant les prévisions humaines, tout annonçait que le dernier Capétien était condamné à ne jamais revoir la France, à s'éteindre dans l'obscurité de l'exil.

Mais l'homme est-il autre chose que l'instrument inconscient et aveugle des desseins de Dieu? Henri de France est mort, en effet, loin de son royaume, et pourtant il est mort comme il avait vécu, en Roi!... Tandis que le vainqueur de Solferino et des champs de bataille italiens, emporté dans le plus effroyable cataclysme que l'histoire ait enregistré, devait mourir, lui aussi, sur la terre d'exil, sans amis, ne laissant après lui que le douloureux souvenir de son impéritie, abandonnant aux mains débiles d'un enfant marqué par la Providence pour une fin dramatiquement inouïe, les débris de son aigle impériale!

Le Comte de Chambord avait, pour ainsi dire, la prescience des maux qui allaient fondre sur la France. Sa lettre au général de Saint-Priest, 9 décembre 1866, porte l'empreinte des réflexions amères, des craintes réfléchies que lui inspire la politique insensée de l'empire. On se rappelle que cette lettre fut traquée, tout ainsi qu'un manifeste de conspirateur, par la police impériale; aucun journal n'osa la publier; mais, copiée à des milliers d'exemplaires, elle fut communiquée à tous les fidèles.

L'envahissement des États romains par les bandes de Garibaldi souleva de nombreuses protestations de la part du Comte de Chambord, se prévalant du titre de roi Très Chrétien et de Fils aîné de l'Église. Il offrit son épée au pape Pie IX, cette épée qu'on lui reprocha de n'avoir jamais tirée du fourreau. Au lendemain de Mentana, il écrivait à M. de Charette une lettre éloquente. Mais *sa grandeur l'attachait au rivage,* — ou plutôt les nécessités de la politique frappaient d'impuissance toutes ses résolutions généreuses.

Il sentait alors toutes les rigueurs de l'exil : il se voyait réduit au silence, à l'inaction, à la prudence. Il refrénait les élans de son âme et les palpitations de son cœur. Il fallait attendre et se taire,

prier, et pleurer, du fond de cet humble village autrichien qui
maintenant demeure à jamais célèbre, dans les fastes des nations,
et dont peu de Français pouvaient alors prononcer le nom barbare.
Et s'il y souffrait de ses aspirations méconnues, de ses espérances
frustrées, de son patriotisme outragé, de sa religion offensée, il
y souffrait encore de malheurs plus intimes, car la mort impi-
toyable fauchait autour de lui sans trêve. Les deuils succédaient
aux deuils : le comte de Montbel, le duc de Lévis, le duc de Blacas,
les guides et les amis de sa jeunesse, avaient disparu ; un peu plus
tard, c'était le comte de la Ferronays qui expira subitement à ses
côtés, puis l'abbé Trébuquet, et enfin, au commencement de 1870,
Madame la duchesse de Berry mourut au château de Brunsée.

Cette même année s'achève au fracas d'une guerre effroyable, entreprise avec témérité, et conduite avec incapacité, interrompue tout
à coup par une de ces catastrophes qui sont, disait le premier Napoléon, « un concours fatal de circonstances inouïes ». Après le
désastre de Reischoffen, l'humiliation sans mesure de Sedan,
l'Empereur prisonnier, emmené à travers un champ de bataille cou-
vert de morts et de mourants, toute une armée prisonnière, le vieux
monarque prussien étendant une main pour prendre l'épée du dernier Napoléon, l'autre pour saisir le diadème impérial qui le ferait
successeur de Charlemagne !

V·

Henri V, épouvanté par les malheurs dont la Providence accablait sa patrie, accourut aussitôt à la frontière pour être prêt à la franchir d'un seul pas, si les peuples, enfin désaveuglés par tant d'effroyables leçons, appelaient au secours de leur misère le seul homme désigné pour fonder « un gouvernement vraiment national, ayant le droit pour base, l'honnêteté pour moyen, la grandeur pour but. » Il crut que son heure était venue, et c'est de Genève qu'il adressait aux Français le manifeste du 9 octobre, à l'heure même où l'on commençait à comprendre que le gouvernement de la Défense nationale allait se perdre dans la dictature de l'incapacité.

Sa voix ne fut pas écoutée. La France, envahie, divisée en présence de l'ennemi, gouvernée par des gens qui fuyaient devant l'invasion ; Paris, bloqué par les armées allemandes ; le désordre à son comble, l'angoisse dans tous les cœurs, l'indépendance nationale compromise... Telle était la désolante situation du pays, jadis sauvé, en pareilles conjonctures, par la Vierge Lorraine. Mais il eût fallu Jeanne d'Arc pour chasser l'ennemi et mener le roi au sacre, et Dieu ne voulut pas nous envoyer une Jeanne d'Arc? Les zouaves pontificaux faisaient d'admirables efforts : nos braves soldats, partout, se battaient en héros, supportaient le froid et la faim : Paris assiégé donnait un exemple étonnant de persévérance et de courage. Mais l'héroïsme de tous devait rester impuissant.

Après avoir, dans un langage ferme, hardi, loyal, proclamé les principes de la monarchie traditionnelle, revendiquant, non pas des droits, mais des devoirs, Henri V protesta contre le bombardement de Paris. Il protesta devant les peuples et devant les rois, il poussa un cri d'indignation et de douleur qui retentit dans toutes les cours de l'Europe.

Et pendant ce temps-là, au palais de Versailles, témoin des gloires de Louis XIV, — et dans cette salle du trône où ses ascendants n'auraient été reçus que comme de petits gentilshommes, échappés d'un pays barbare, — Guillaume de Hohenzollern proclamait la restauration de l'empire allemand, et recevait du roi de Bavière le premier hommage de vasselage !...

> Ah ! briguez dans l'empire ! Et voyez la poussière
> Que fait un empereur...

Lorsque l'Assemblée nationale eut ratifié le terrible traité de paix qui nous coûtait deux provinces et plusieurs milliards, elle se vit en présence de la tâche la plus redoutable qui ait été jamais imposée aux représentants d'une nation. Il s'agissait de disperser les débris du gouvernement provisoire et de constituer un gouvernement définitif. La question se posait en ces termes : République ou Monarchie. Cette question semblait résolue avant même d'avoir été posée : les élections du 8 février 1871 avaient envoyé à l'Assemblée une immense majorité de députés royalistes : les bonapartistes ne comptaient plus, les républicains formaient une minorité très maltraitée, le chef de l'État ne prenait que le titre de chef du pouvoir exécutif, enfin ce chef était M. Thiers, plusieurs fois ministre de Louis-Philippe, que l'on reconnaissait pour un libéral voltairien, mais qui n'avait jamais caché ses sympathies pour la monarchie constitutionnelle. On put donc croire un moment que, dès sa réunion à Bordeaux, l'Assemblée nationale proclamerait la monarchie. Le pays s'y attendait, la Restauration eût été acceptée. Pourquoi l'Assemblée se déroba-t-elle au mandat implicite qui lui avait été confié ? Grave question qu'il ne m'appartient pas de résoudre.

Après la Commune, après la Lettre manifeste du 8 mai, après

l'abrogation des lois d'exil, on pouvait espérer encore une fois le rétablissement de la monarchie, et la France, terrorisée par les massacres de la Roquette et de la rue Haxo, par les incendies de Paris, eût accueilli comme un libérateur le prince qui se serait emparé du pouvoir, ou qui eût été appelé à l'exercer. L'Assemblée nationale préféra prolonger l'incertitude. M. Thiers aimait le pouvoir, il s'y cramponnait; il jouait la majorité, il s'évertuait en ruses parlementaires pour la tromper, et cette fois encore on laissa passer l'occasion. Les politiques prétendaient qu'il convenait d'assurer l'hérédité monarchique avant de rappeler le Roi. Sans doute le comte de Paris était indiscutablement l'héritier du Comte de Chambord. Mais il fallait renouer la chaîne interrompue, reprendre où on les avait laissées les tentatives de fusion, obtenir des princes de la maison d'Orléans un acte de soumission, démontrer que l'union existait dans la Maison de France, ne pas s'exposer à des compétitions entre la branche aînée et la branche cadette. Ces diverses questions furent livrées aux discussions de la presse, et servirent de point de départ à des intrigues, qui se sont poursuivies jusque devant le cercueil du Comte de Chambord.

Cependant Henri V voulut revoir la France.

Il arrive à Paris, il va s'agenouiller sur les ruines encore fumantes des Tuileries, il va prier à Notre-Dame où il reçut le baptême, puis il part pour Chambord. C'est là qu'il recevra la visite du comte de Paris qu'on lui a annoncée. Mais il veut auparavant que son jeune parent sache bien à quoi il s'engage; avec une loyauté chevaleresque il dévoile, dans son manifeste du 5 juillet, sa pensée tout entière : il ne renoncera pas au drapeau blanc.

Cette déclaration amena l'ajournement de la visite projetée du comte de Paris, de plus une scission profonde entre les royalistes, les uns libéraux et partisans du drapeau tricolore, les autres intransigeants comme le Roi.

La fusion n'eut donc lieu qu'au mois d'août 1873. Le comte de Paris se rendit à Frohsdorf et déclara qu'il venait, au nom de tous les membres de sa famille, saluer dans le Roi, non seulement le chef de la maison de Bourbon, mais encore le seul représentant du principe monarchique en France.

Dès ce jour-là, et malgré toutes les intrigues qui l'entouraient et dont les conséquences furent l'échec d'octobre 1873 et l'établissement du Septennat, Monsieur le comte de Paris n'a point fait une démarche ni prononcé une parole qui contredît l'entrevue de Frohsdorf. Son attitude fut dès lors telle qu'elle devait être : il était le Dauphin, l'héritier présomptif, il se renferma strictement dans ses devoirs de famille, n'ayant ni à parler, ni à agir.

D'autres que moi feront le récit des fameux essais de république conservatrice.

Pendant près de dix ans la France se débattit dans l'inextricable réseau des ficelles parlementaires, et la manière de gouverner des assemblées et des cabinets qui évoluaient autour de M. Thiers, — et ensuite, du maréchal de Mac-Mahon, — peut se définir par la célèbre phrase : « Ordres, contre ordres, désordre ! » Rien de stable, rien d'assuré, rien de certain : la porte ouverte constamment aux expédients et aux aventures, l'intrigue triomphant partout, l'action conservatrice entravée partout, des concessions dangereuses toujours consenties, la désorganisation autorisée par la faiblesse de politiciens plus accoutumés à la théorie qu'à l'exercice du pouvoir, enfin la singulière et lamentable entreprise du 16 mai qui amena celui qu'Henri V avait appelé le Bayard des temps modernes à se soumettre et à se démettre.

Après la démission du maréchal de Mac-Mahon dont on connaît à peine aujourd'hui les diverses péripéties, l'élection de M. Grévy, la puissance occulte de M. Gambetta, l'influence réelle des sociétés secrètes, amenèrent la France au point d'abaissement où elle se débat, — sans alliances au dehors, sans sécurité au dedans, avec l'incertitude et la crainte d'un avenir bien ténébreux.

Au milieu de ce désarroi général, de cet énervement des esprits, de ces compromissions sans cesse renouvelées, le Comte de Chambord demeura le roi de France. Il n'eut pas une seule défaillance. Partout où il se trouvait, à Lucerne, à Anvers, à Frohsdorf, à

Goritz, il recevait les Français de tout rang, de toutes conditions; il leur parlait, il les encourageait, il tenait à tous le même langage, cordial et franc, mais ferme. Il écrivait beaucoup. Ses lettres étaient, en toute occasion, publiées par les journaux. Il s'occupait des questions sociales, plein de sollicitude pour les classes laborieuses. Il évitait avec soin de compromettre les intérêts du pays, et s'attachait surtout à faire comprendre qu'il ne voulait pas être le roi d'un parti, mais le roi de tous.

Le parti monarchique s'était réveillé, plein d'ardeur, à la suite de nos désastres. Au commencement de l'année 1872, un immense pétitionnement fut organisé par les soins d'un comité qui comptait parmi ses membres le vicomte Léopold Ruty, les vicomtes Mayol de Lupé et Roger de Bonneuil, le duc des Cars, le comte de Chabrillan, et plusieurs personnages du haut commerce parisien. Une pétition réclamant le rétablissement de la monarchie, se couvrit de milliers de signatures, et permit de compter les survivants et les ralliés. Ce fut là le point de départ de l'action royaliste, qui se continua par la constitution de comités d'arrondissements à Paris et en province, par la fondation de journaux dans les départements, d'agences de correspondances dans la capitale. Les représentants du Roi s'étaient partagé la besogne : l'un dirigeait la presse, l'autre les comités, l'autre les conférences. Je pourrais citer telle usine importante où des centaines d'ouvriers venaient faire publiquement adhésion au principe monarchique. Le terrain était admirablement préparé, l'entrevue de Salzbourg avait déchiré les derniers voiles, si le comité des Neuf n'avait pas été victime d'une intrigue — sur laquelle, un jour ou l'autre, la vérité se fera, — le corps d'Henri V reposerait aujourd'hui dans la basilique de Saint-Denis.

On sait ce qu'il advint : un malentendu, affirment les uns : une intrigue des *habiles*, assurent les autres. Et récemment, des journaux qu'il ne faut écouter qu'avec une extrême réserve, ont parlé d'une sorte de pression exercée par des gouvernements étrangers, de conditions posées par un souverain au roi qui allait être l'élu de la France. Le Comte de Chambord n'hésita pas. Que ce soit la question du drapeau qui l'ait décidé, ou que ce soit la volonté de ne pas déchaîner de nouveaux orages sur la patrie, il écrivit la lettre du 27 octobre qui mettait fin aux pourparlers, aux ambassades, aux discussions, aux exigences des uns, aux faiblesses des autres. Un mensonge aurait tout sauvé, et pas même un mensonge : seulement le silence! Le roi voulut parler, et, en parlant, ne pas mentir. Si, comme l'a dit Chateaubriand « les actions magnanimes sont celles dont le résultat prévu est le malheur et la mort », ce fut là une de ces actions que la postérité juge avec un respectueux étonnement.

Les républicains eux-mêmes, et les plus farouches, durent s'incliner devant cette haute vertu; ils durent avouer que cet homme, en qui leur conviction politique refusait de reconnaître le roi, était bien vraiment un de ces hommes providentiels qui ont la charge de conduire les peuples. Ils saluèrent franchement cette grande personnification de l'honnêteté, et le petit-fils de Charles X rentra dans sa retraite, plus honoré par cette défaite, qu'il ne l'eût été par une victoire achetée au prix d'une transaction. Il avait forcé à l'admiration ses ennemis les plus acharnés, et il pouvait, comme François Ier après Pavie, s'écrier :

« Tout est perdu, fors l'honneur! »

Avant les funérailles pleines de magnificence du chef de la Maison de France, l'archiduc Albert d'Autriche avait fait déposer sur le cercueil, que veillaient d'anciens zouaves de Patay et de Loigny, une couronne portant cette inscription : *A mon ami inoubliable!*

Inoubliable! telle est bien, en effet, l'épithète qu'il faut accoler au nom d'Henri V, car il ne sera jamais oublié de la postérité, tant qu'il existera une feuille de papier, et un homme sachant écrire, pour mettre le nom de ce grand honnête homme à la suite des noms des grands Rois, ses aïeux.

Dès l'instant où ses lèvres ont exhalé son dernier soupir, le Comte de Chambord est entré dans la gloire durable de l'histoire; il apparaîtra, dans l'avenir, ceint de la triple couronne de la vertu, du sacrifice et du martyre. Après une vie dans laquelle l'examen le plus minutieux ne peut relever aucune faute publique, il a expié par de longues et cruelles souffrances les péchés qu'il a pu commettre comme créature humaine, et sa mort, couronnant une agonie qui eût été un supplice pour le commun des hommes, a été un exemple admirable d'abnégation, de patience, de douceur, de sérénité. Il a quitté paisiblement ce monde, sans terreur et sans faiblesse; il a pressé une dernière fois, entre ses mains tremblantes, le drapeau du Sacré-Cœur, taché du sang des Français morts pour la patrie, et ces plis sanglants qu'il baisait, c'était pour lui cette patrie tant aimée, dont il aspirait à faire le bonheur. Ce prince, auquel nul autre prince n'est comparable, est descendu dans la tombe, — non pas tout entier, car son esprit vit parmi nous, — mais intact comme la blanche couleur du drapeau qui est son linceul. On ne l'oubliera point. Dieu fasse qu'il ait légué à ceux qui recueillent le fardeau si lourd de sa succession sa force d'âme et son intégrité !

On a surnommé Ferdinand de Lesseps, « le grand Français ». Henri V mérite à plus juste titre d'être appelé « le Roi Français ».

On retrouve en lui le trait dominant du caractère de ses plus illustres prédécesseurs : il est pieux comme saint Louis, il est sage comme Charles V ; comme Louis XI, il aime les petites gens, les ouvriers, les paysans, les classes laborieuses ; il a l'affabilité de Charles VIII, le bon sens de Louis XII, le goût des arts et de la poésie qui font de François Ier le restaurateur des lettres ; il est simple, cordial et bon, comme Henri IV, mais aussi majestueux que Louis XIV ; il aime la France d'un amour sans égal comme l'aimait l'infortuné Louis XVI.

De plus, Henri de France a la grâce enjouée de son aïeule, la duchesse de Bourgogne, cette spirituelle Adélaïde de Savoie qui faisait les délices de la vieillesse du grand roi et de la maison de Savoie, dont il était par sa grand'mère, la comtesse d'Artois, et par quatorze autres princesses de sa lignée ; il a aussi l'esprit chevaleresque, fin, un peu narquois.

Il n'a point la bonhomie et la verve gasconne du Béarnais, bien qu'on lui ait donné souvent le surnom d'Henri IV second. Il n'est pas familier, il est peu expansif. Sa bonté ne diminue en rien sa majesté : il veut être, et il est partout le roi. S'il a conscience de sa mission, il n'est pas sans orgueil de sa naissance. Il n'a de hauteur qu'avec ses égaux, — les souverains, — mais il est réservé avec tous ; — et pour gentilhomme et très avant dans ses bonnes grâces que l'on soit, il ne permet jamais qu'on oublie son rang.

Primus inter pares ne serait pas assez pour sa fierté. Il eût peut-être accepté la formule, s'il eût régné, mais dans l'exil il veut grandir encore l'héritier du royaume des lys, de ces lys « qui ne travaillent ni ne filent ».

Mais le trait distinctif de cette grande figure, c'est l'honnêteté. Non pas l'honnêteté relative dont notre siècle se contente, mais l'honnêteté entière, absolue, infrangible, rebelle à tout compromis, à toute restriction, qui ne capitule jamais, ne recule pas, ne souffre aucune atteinte.

Henri V ne ment pas, il ne peut pas mentir; bien plus, le mensonge est impossible à qui lui parle, à qui sent le regard de ces yeux bleus, si limpides, arrêté sur ses propres yeux. Ce n'est point l'homme de la dissimulation ou de la ruse : il va droit au but, posément, délibérément. Il ne s'embarrasse ni d'emphase, ni d'ambages, ni de réticences : sa parole est claire, comme son style est net, comme sa phrase est sans incidentes. Il a rejeté bien loin le bagage des rhéteurs, et même l'habileté prétendue des politiques. La vérité ne l'éblouit pas plus qu'elle ne l'offense. Il la sert, simplement, noblement. Cette âme pure a l'horreur de l'astuce, des circonlocutions, des palinodies. Certes, Henri V eût préféré la rudesse de Colbert, la violence de Louvois à la finesse de Mazarin : il eût été le roi de la politique honnête, et, — comme s'en vantait un diplomate de la Restauration, — il eût trompé tout le monde, en disant toujours la vérité.

Il était, de plus, affamé de justice. Il disait de lui-même que les rois sont aux peuples, et non les peuples aux rois. Assujetti à la couronne! comme le déclarait François Iᵉʳ, il rappelait encore cette parole de Louis le Débonnaire : « Les rois sont les envoyés de Dieu pour le bien des peuples; ils avisent à tout ce qui est utile à l'humanité. »

Quelle sollicitude pour les pauvres, pour les déshérités, pour tous ceux qui souffrent! Quelle science de leurs besoins, et quelle compassion pour leur misère! Comme il eût soulagé les infortunes, amélioré le sort du paysan, de l'ouvrier! Sa charité est faite de tendresse; il a pour les humbles la « violente amour » de Henri IV. Il vénère les veuves, il chérit les orphelins. Que de fois avons-nous admiré ces lettres merveilleuses où, s'associant au deuil d'une famille fidèle, il puisait dans son cœur ouvert à toutes les affections, des consolations éloquentes, exprimées avec une délicatesse de sentiment qui révélait toute la profondeur, toute la subtilité de cette âme d'élite.

Notre tâche est achevée. Nous l'avons vu : sous la Restauration, sous la monarchie de Juillet, sous la deuxième République, sous l'Empire, enfin depuis la Révolution du 4 septembre, le Comte de Chambord a toujours été Henri V, il est toujours resté le Roi.

Fidèle à son devoir, fort de son droit, il a sauvegardé en lui la dignité royale, demeurant jusqu'au bout ferme dans ses résolutions, inflexible dans son principe, respectueux des traditions de sa race, ardemment dévoué à la France, inébranlable dans sa foi catholique, doux aux faibles et rude aux forts.

Opprimé, il a détesté les oppresseurs. Vaincu, il a lutté jusqu'à la fin, sans trêve ni relâche. Outragé, il a pardonné à ses ennemis. Trahi... Mais ne parlons plus de trahisons, à cette heure que les secrets du dernier Bourbon sont enfermés avec lui dans le sépulcre !...

La Royauté n'est pas morte, elle ne meurt pas, et si Henri le Magnanime n'a jamais reculé devant l'action dont « le résultat prévu était le malheur et la mort, » il a laissé à son successeur l'exemple de sa grandeur, comme un avertissement et comme un conseil !

PARIS. — E. DE SOYE ET FILS, IMPRIMEURS, 18, RUE DES FOSSÉS-SAINT-JACQUES.

www.ingramcontent.com/pod-product-compliance
Lightning Source LLC
Chambersburg PA
CBHW061728060726
47597CB00006B/2616